Stark, schön und beweglich durch Pilates

In diesem Buch stelle ich Ihnen wirkungsvolle Pilates-Übungen vor, die den Erkenntnissen der heutigen Forschung und Medizin angepasst sind. Kombiniert mit einem labilen Luftkissen oder Ball schulen sie die Sensomotorik (Bewegungssteuerung und -entwicklung), verbessern das Körpergefühl, beugen Rückenbeschwerden vor und fördern die innere Kraft. Beckenboden, Bauch und Rücken werden zu einem Kraftzentrum aufgebaut, wobei das Gewebe gestrafft und die Figur verbessert wird. Durch das Pilates-Trainingsprogramm optimieren Sie das Zusammenspiel aller an der Bewegung beteiligten Organe. Reflektorisch gesteuerte Nervenimpulse beziehen die gelenksnahen Muskeln ein, die eine Haltefunktion ausüben und bei herkömmlichen Trainingsformen oft nicht berücksichtigt werden. Mit Pilates-Übungen trainieren Sie die Muskeln von innen nach außen. Das bedeutet, dass Ihre Muskeln kräftiger werden, ohne jedoch an Umfang zuzunehmen. Gleichzeitig werden Sie beweglicher, Ihre Figur harmonischer und die Haltung und der Gang anmutiger.

Die Pilates-Methode

Das Pilates-Trainingsprogramm wurde nach seinem Begründer, dem Deutschen Joseph Pilates, benannt und besteht aus einem einzigartigen Bodenprogramm und einem ergänzenden Gerätetraining. Die Pilates-Maschinen wurden so gebaut, dass mit Seilzügen, beweglichen Sitzen und Liegeflächen fließende, harmonische Bewegungen ausgeführt werden können, die die Muskeln gleichzeitig dehnen und kräftigen.

Was ist Pilates?

Die Methode wurde um 1930 entwickelt und zielt mit den Dehn- und Kräftigungsübungen darauf ab, die Muskeln zu stärken und zu formen, die Haltung zu verbessern und ein kräftiges Körperzentrum aufzubauen.
Nicht alle Original-Übungen halten den Erkenntnissen der modernen Physiotherapie stand. Deshalb entwickelte man das ursprüngliche Pilates-Trainingsprogramm in den vergangenen Jahren weiter und passte es dem aktuellen Stand der Wissenschaft und Medizin an. Die Bewegungen werden in Verbindung mit der Atmung sehr bewusst und konzentriert ausgeführt, so dass das Training Körper und Geist in Einklang bringt.
Durch genaue Bewegungsanleitungen und Schwierigkeitsvarianten bietet Pilates sowohl Sportlerinnen und Sportlern als auch untrainierten Menschen geeignete Übungen, so dass weder Überforderung noch Langeweile eintritt.
Pilates bildet eine ideale Ergänzung zu anderen Sportarten, bei denen oft nur die oberflächlichen, großen Muskelgruppen zum Einsatz kommen, ohne dabei auf die tiefen, stabilisierenden Muskeln einzugehen. Ebenso wirkt Pilates einseitigen Körperbelastungen entgegen, die durch Sport und alltägliche Tätigkeiten wie das Tragen von schweren Taschen, Arbeiten im Haushalt, Tennis oder Golf entstehen.

Die Philosophie

Der Begründer dieser heute so populären Trainingsmethode ist der Deutsche Joseph Hubertus Pilates, der 1880 in der Nähe von Düsseldorf geboren wurde. Er war ein zartes Kind mit einer schwächlichen Konstitution und litt während seiner Kindheit

unter vielen Krankheiten, unter anderem an Asthma und Rachitis. Er besaß aber einen starken Willen und begann seinen Körper zu trainieren, so dass er bereits mit 14 Jahren den Körper eines Athleten hatte und deswegen nicht selten Modell stand bei der Erstellung von Anatomietafeln. Pilates begeisterte sich für den Sport, er war nicht nur ein guter Turner, sondern auch ein hervorragender Taucher, Schwimmer, Skifahrer und Boxer. So wanderte er nach England aus, um eine Laufbahn als Profi-Boxer zu starten. Er verdiente sich seinen Lebensunterhalt bei Scotland Yard, wo er die Polizisten in Selbstverteidigung unterrichtete.

Später arbeitete er als Krankenpfleger auf der Isle of Man und wandte sein erworbenes Wissen an. Er improvisierte und experimentierte mit verschiedenen, selbst zusammengebauten Vorrichtungen, die er an den Krankenbetten befestigte. Diese so entstandenen Modelle waren sozusagen die Prototypen der heutigen Pilates-Geräte.

1923 wanderte Pilates nach New York aus und gründete dort das erste Pilates-Studio. Sein neuartiges und revolutionäres Konzept zog bald nicht nur die Tänzerinnen und Tänzer des New York City Balletts an, die in der Nähe trainierten, sondern auch verschiedene Künstler, Artisten und Schauspieler. Illustre Persönlichkeiten wie Martha Graham, George Balanchine, Katherine Hepburn, Lauren Bacall, Laurence Olivier, Gregory Peck und später auch Michail Baryschnikow gaben sich in seinem Studio am Broadway die Klinke in die Hand. Für sie alle war ihr geschmeidiger, kraftvoller und beweglicher Körper, ihre Ausstrahlung und Haltung ausschlaggebend für ihren Erfolg und ihre Bühnenpräsenz. Heute tragen Stars wie Madonna, Sharon Stone, Patrick Swayze, Courtney Cox oder Joaquin Cortés dazu bei, dass die Pilates-Methode immer bekannter wird.

Für Pilates stand außer Frage, dass der Geist den Körper beeinflusst und dass zwischen beiden ein enger Zusammenhang besteht. Sein Übungsprogramm bezieht neben dem körperlichen auch das mentale Training mit ein. Ähnlich wie bei Yoga achtet Pilates besonders auf Atmung, Konzentration, Selbsterkenntnis und -kontrolle.

So verbinden sich in seiner Methode westliche Gymnastikformen mit Elementen aus fernöstlichen Disziplinen.

Pilates heute

Mittlerweile ist Pilates' ganzheitliche Methode weit über diesen anfangs elitären Kreis hinaus bekannt geworden. Lehrerinnen und Lehrer vieler Studios unterrichten nach seinem Konzept. Verschiedene Methoden wurden ausgearbeitet, bei denen die Philosophie von Pilates die Grundlage bildet. Es geht um das Erreichen einer Muskelbalance durch Dehnung und Kräftigung gleichermaßen, um Haltung, Verlängerung, optimale Ausrichtung und Bewegungskontrolle. Einige Unterrichtsformen haben einen eher therapeutischen Ansatz und werden dementsprechend vorsichtiger gelehrt, andere sind athletischer und konzentrieren sich auf Dynamik und Rhythmus. Wegen eines Patentrechtsstreits wird häufig nicht der Name »Pilates« verwendet. Deshalb gibt es viele Studios, die ihr Training unter einem anderen Namen anbieten, wie zum Beispiel Polestar, Stott Methode, Body Control Pilates, P-Methode oder Balanced Body.

Die Ziele

Bei Pilates handelt es sich um ein figurformendes Trainingsprogramm, welches aus ca. 400 bis 500 Übungen besteht, bei dem Muskeln, Gelenke und das gesamte Bindegewebe einbezogen werden. Man trainiert alle Muskeln gleichzeitig durch immer wechselnde Übungen, so dass sich das bei uns so weit verbreitete Training nach Muskelgruppen erübrigt. Wenn Sie zusätzlich Gewicht verlieren oder Fett abbauen möchten, so ist immer ein Herz-Kreislauf-Training nötig, welches den Stoffwechsel anregt, zum Beispiel Schwimmen, Walking, Spinning oder Radfahren.

Das Hauptziel besteht darin, sich der eigenen Bewegungs- und Haltungsmuster bewusst zu werden, schlechte Gewohnheiten aufzugeben und Alternativen zu finden, um das neuro-muskuläre Gleichgewicht wiederherzustellen. Ein entscheidender Punkt ist, dass die Übungen bewusst, konzentriert und langsam ausgeführt werden. Die Imagination und Visualisation der Übung oder des Bewegungsablaufes spielen dabei eine wichtige Rolle. Durch die Harmonisierung von Körper und Psyche kann man sich in Stress-Situationen gelassener verhalten und man schläft besser. Mit den Übungen verbessern Sie die Koordination und beugen Rückenbeschwerden vor. Dabei wird der Körper straffer und geschmeidiger, was eine positive Ausstrahlung und mehr Selbstbewusstsein verleiht.

Wie wirkt Pilates?

Bei regelmäßiger Anwendung der Übungen konnten folgende Wirkungen beobachtet werden:

▲ Straffer, geschmeidiger Körper
▲ Aufrechte, lockere Haltung
▲ Graziöse Bewegungen
▲ Stärkung der Lendenwirbelsäule, Linderung von Rückenbeschwerden
▲ Entlastung der Hals-, Nacken- und Schultermuskulatur
▲ Stärkung des Bauchbereiches
▲ Aufbau der Beckenbodenmuskulatur
▲ Linderung bei Stuhl- und Harninkontinenz
▲ Vorbeugung gegen Osteoporose
▲ Verbesserte Beweglichkeit und mehr Kraft
▲ Stärkere Durchblutung
▲ Bessere Versorgung der Zellen mit Sauerstoff
▲ Verbessertes Koordinationsvermögen und Körperbewusstsein
▲ Mehr Leichtigkeit in der Bewegung
▲ Erhöhte psychische und physische Ausdauer
▲ Harmonie von Körper und Geist
▲ Mehr Gelassenheit im Alltag
▲ Positive Ausstrahlung
▲ Mehr Selbstbewusstsein und Lebensfreude

Die Technik

Damit das Training für Sie zu einem vollen Erfolg wird, ist es wichtig, die Grundprinzipien oder »goldenen Regeln« zu kennen und die Schlüsselelemente der Pilates-Technik anzuwenden.

Verinnerlichen Sie die »goldenen Regeln« von:

- **Konzentration**
- **Kontrolle**
- **Präzision**
- **Atmung**
- **Zentrierung**
- **Bewegungsfluss**

Wenden Sie folgende Schlüsselelemente an:

▲ Verlängern der Wirbelsäule
▲ Stabilisieren in der neutralen Haltung
▲ Aktivieren vom Powerhouse
▲ Arbeiten mit Bildern
▲ Qualität statt Quantität

Konzentration

In unserer dynamischen Zeit kann die Konzentration bzw. Fokussierung auf den Bewegungsablauf, den Sie gerade ausführen, ein sehr einfaches und wirksames Element sein, um Körper und Geist miteinander zu verbinden und innerlich ruhiger zu werden. Wenn Sie sich während der Übung gleichzeitig ein Bild von deren Ausführung machen, werden dadurch die Muskeln unbewusst aktiviert. Meine Erfahrung hat außerdem gezeigt, dass eine Übung mit einem Bild viel einfacher, schneller und genauer umgesetzt und integriert werden kann.

Kontrolle

Die Ganzkörperübungen erfordern ein hohes Maß an Koordination und Kontrolle, denn alle an der Bewegung beteiligten Muskeln müssen wie ein großes Orchester bei einem Konzert optimal zusammenspielen. Durch die bewusste Ausführung und erhöhte Aufmerksamkeit werden die Voraussetzungen für einen optimalen Bewegungsablauf und langfristig auch eine positive Umprogrammierung des gesamten Körpers geschaffen.

Präzision

Wenn Sie die Bewegungen konzentriert und präzise ausführen, wirken sie intensiver. Entscheidend ist dabei nicht die Wiederholungszahl, sondern die Qualität und das Bewusstsein, wie Sie die Übungen ausführen. Weniger ist hier mehr! Je bewusster und präziser Sie üben, umso mehr übertragen Sie diese Aufmerksamkeit unbewusst auch in den Alltag. Sie können Ihre Haltung und Ihre Alltagsbewegungen differen-

zierter wahrnehmen und ungünstige Gewohnheiten positiv verändern.
Wenn Sie Ihre Imagination während der Übungsausführung einsetzen, so wird dieses Bild im Gehirn als neues Muster gespeichert, welches dann über die Nervenbahnen an den Bewegungsapparat weitergeleitet wird. Die Gelenke und Muskeln orientieren sich an diesem unterbewussten Bild und führen die Bewegung präziser aus. Gerade bei anspruchsvollen Haltungen ist es wirkungsvoller mit Bildern zu arbeiten anstatt mit reiner Muskelkraft!

Atmung

Es gibt verschiedene Atemtechniken, die eine unterschiedliche Wirkung auf den Organismus haben. Die tiefe Bauchatmung eignet sich zum Beispiel besonders gut für die Entspannung. Für das Pilates-Training ist sie jedoch nicht zu empfehlen. Bei diesen Übungen geht es darum, eine stabile Körpermitte zu halten. Hierbei würde die Bauchatmung mit der Muskelspannung im Bauch kollidieren. Bei den Übungen sorgt eine tiefe Atmung dafür, dass das Blut, mit dem unsere Organe und Zellen versorgt werden, optimal mit Sauerstoff angereichert wird. Beim Pilates-Training empfehlen wir die seitliche Brustatmung. Dabei wird der untere Bereich des Brustkorbes zur Seite und nach hinten geweitet, gleichzeitig werden die feinen Muskeln zwischen den Rippen gedehnt. Dadurch entsteht eine Geschmeidigkeit und eine größere Mobilität im Bereich des Oberkörpers.
So atmen Sie richtig: Legen Sie Ihre Hände seitlich auf die unteren Rippen, atmen Sie in Ihre Hände und achten Sie darauf, dass das Weiten der Hände nur in die Seiten und nach hinten geht.
Wichtig ist allerdings nicht nur die Einatemphase, sondern auch die vollständige Ausatmung, bei der Kohlen-

Atem-Tipps

Mit der Atmung können Sie die Wirksamkeit der Übungen unterstützen. Gerade am Anfang vereinfacht die folgende Regel den Einstieg: Einatmen (wenn möglich durch die Nase) in der Ruhephase, bei der Endstellung oder der Vorbereitung für die neue Übung (dabei die Wirbelsäule verlängern, Becken und Kopf sind in der neutralen Position), Ausatmen (durch den Mund) in der Bewegung.

dioxid und andere Abfallprodukte aus den Muskeln und dem Zellstoffwechsel abgegeben werden. Je freier die Atmung ist, umso besser kann sich der Körper von den Abfallstoffen befreien, die bei den Stoffwechselvorgängen anfallen. Aus diesem Grund sollten Sie nie den Atem anhalten, wenn eine Übung schwierig wird.

Zentrierung

Joseph Pilates sprach oft vom Powerhouse. Dazu zählte er die Körpermitte zwischen Becken und Brustkorb sowie die Wirbelsäule als zentrale Achse. Beim Powerhouse handelt es sich hauptsächlich um vier Muskelgruppen: die quer verlaufende Bauchmuskulatur, die schräge Bauchmuskulatur, die tief liegenden Rückenstrecker und die Beckenbodenmuskulatur. Diese Muskeln arbeiten zu-

So aktivieren Sie das Powerhouse mit einfachen Bildern:

Stellen Sie sich vor, wie Sie im Stehen eine enge Jeans über Ihre Hüften ziehen. Schließen Sie nun den Knopf, indem Sie den Bauchnabel nach innen zur Wirbelsäule ziehen, ohne dabei das Becken zu kippen oder an Größe und Länge einzubüßen. So aktivieren Sie die quer verlaufende und die schräge Bauchmuskulatur. Jetzt gilt es noch den Reißverschluss zu schließen: Tun Sie dies, indem Sie den Bauchnabel nicht nur nach innen, sondern auch nach oben saugen. Damit aktivieren Sie die Beckenbodenmuskulatur. Sie können sich auch vorstellen, dass Sie den Beckenboden wie einen Fahrstuhl nach oben gleiten lassen. Ziehen Sie jetzt den Reißverschluss weiter hinauf, als würden Sie einen hautengen Tauch- oder Surfanzug anziehen. Das enge Material schmiegt sich über Ihre Taille und schließt die unteren Rippen, das heißt, die unteren Rippen des Brustkorbes nähern sich einander. Das Brustbein bleibt dabei gehoben, aber trotzdem weich. Lassen Sie die Sonne Ihr Herz weiten und erwärmen. Die Sonne strahlt auch auf Ihre Schultern, die wie Butter beginnen zu schmelzen. Alle Verspannungen lassen Sie wie warmen Honig den Rücken hinunterfließen, so dass sich die unteren Spitzen der Schulterblätter dem hinteren oberen Beckenkamm nähern.

sammen und sorgen sozusagen für ein natürliches Korsett, welches einerseits die Wirbelsäule schützt und andererseits für einen straffen Bauch sorgt.
Der Ursprung jeder Pilates-Übung beginnt im Powerhouse und fließt in die Extremitäten. Diese im Zentrum entstehende Kraft kontrolliert und koordiniert alle Bewegungen und bildet eine starke Grundlage, auf die Sie sich im Alltag verlassen können.

Bewegungsfluss

Wichtiger als eine hohe Wiederholungszahl und Geschwindigkeit ist die Anmut der Bewegungen. Denken Sie daran, dass es in erster Linie darum geht beim Üben mit möglichst wenig Muskelkraft und ohne Verspannungen die optimale Haltung zu finden und zu halten.

Aus medizinischer Sicht

Der Körper wird vor allem durch die Art und Weise geformt, wie wir ihn brauchen. Bewegungsgewohnheiten, degenerative Veränderungen und Verletzungen beeinträchtigen das stabilisierende Wirbelsäulensystem. Da wir heute den Tag größtenteils mit Sitzen verbringen, erstaunt es nicht, dass das Ergebnis Rücken- und Kreuzschmerzen sind, Schulter- und Nackenverspannungen, steife Gelenke, ein schlecht durchbluteter Bewegungsapparat, Kopfschmerzen, Augenbeschwerden, Konzentrationsschwäche, innere Unruhe und andere daraus resultierende Beschwerden. Manchmal dauert es Jahre, bis sich erste Anzeichen von Verschleiß bemerkbar machen. Gerade deshalb ist es wichtig, sich rechtzeitig mit einem sinnvollen Übungsprogramm, um die Aufrechterhaltung der Gesundheit zu kümmern.
Die Instabilität im Bereich der Lendenwirbelsäule ist häufig Ursache für das Auftreten von Rückenschmerzen. In Amerika gehört Pilates in vielen Kliniken zur Therapie bei der Rehabilitation, da hauptsächlich die tiefen, inneren und knochennahen Muskeln angesprochen werden, die für die Stabilisation verantwortlich sind.

Wichtige Muskeln

Egal, ob es darum geht, eine aufrechte und lockere Haltung zu erlangen, die Hals-, Nacken- oder Schultermuskulatur zu entlasten, die Figur zu verbessern, den

Bauchbereich zu stärken oder Rückenbeschwerden zu lindern – dafür sind hauptsächlich vier Muskelgruppen verantwortlich.

▲ **Der quer verlaufende Bauchmuskel** (lat. musculus transversus abdominis)
Dieser Bauchmuskel ist der tiefste der vier Bauchmuskeln. Er verläuft quer über den Bauch bis nach hinten zur Wirbelsäule und ist sozusagen unser natürliches Korsett, welches die inneren Organe schützt. Er ist aktiv an der Ausatmung beteiligt, hat eine stabilisierende Wirkung auf die Wirbelsäule im Lendenbereich und verhindert Scherbewegungen der Wirbelkörper. Den quer verlaufenden Bauchmuskel können Sie spüren, wenn Sie Ihre Hände in die Taille legen und husten, lachen oder niesen.

▲ **Die schrägen Bauchmuskeln** (lat. musculus obliquus externus und internus)
Die schrägen Bauchmuskeln wirken bei allen Rumpfbewegungen mit, hauptsächlich bei der Seitneigung und Rumpfdrehung. Wenn die schrägen Bauchmuskeln beidseitig kontrahiert werden, unterstützen sie die Rumpfbeugung nach vorn oder senken bei fixierter Wirbelsäule den Brustkorb im Sinne der Ausatmung.

▲ **Die tief liegenden Rückenmuskeln** (lat. musculus multifidus)
Dieser Muskel befindet sich tief unter dem Rückenstrecker, der beidseitig der Wirbelsäule entlangläuft. Er ist verantwortlich für die Aufrichtung, die Seitneigung und Drehung der Wirbelsäule. Außerdem besitzt er eine wichtige Halte- und Stützfunktion. Zusammen mit dem quer verlaufenden Bauchmuskel ist er verantwortlich für die Stabilität im Bereich der Lendenwirbelsäule und des Beckens.

▲ **Die Beckenbodenmuskulatur**
Der Beckenboden bildet den muskulären Abschluss des Rumpfes nach unten. Er besteht aus Muskeln, Faszien und Bindegewebe und setzt am knöchernen Becken an. Der Beckenboden besteht aus drei gitterförmig und in Schlingen verlaufenden Muskelplatten, die die inneren Organe (Gebärmutter, Blase, Darm etc.) stützen und tragen. Der weibliche Beckenboden ist weniger stabil als der männliche, da seine Fläche größer ist, um bei der Geburt dem Kind den Durchtritt zu gewähren. Zudem ist der weibliche Beckenboden

an drei Stellen unterbrochen und dadurch auch anfälliger für eine Erschlaffung. Für unsere Haltung und unser Wohlbefinden ist ein starker Beckenboden wichtig, der sowohl die Funktion des Tragens, Stützens und Verschließens übernehmen kann, als auch zu gegebener Zeit fähig ist nachzugeben, loszulassen und sich zu öffnen.

Gründe für schwache und funktionsunfähige Beckenbodenmuskeln sind:

- Übergewicht
- Mangelnder dauernder Gebrauch
- Allgemeine Bindegewebsschwäche
- Ständige extreme Belastungen wie das Heben und Tragen von schweren Lasten
- Hormonelle Veränderungen
- Schädigung durch eine oder mehrere Geburten

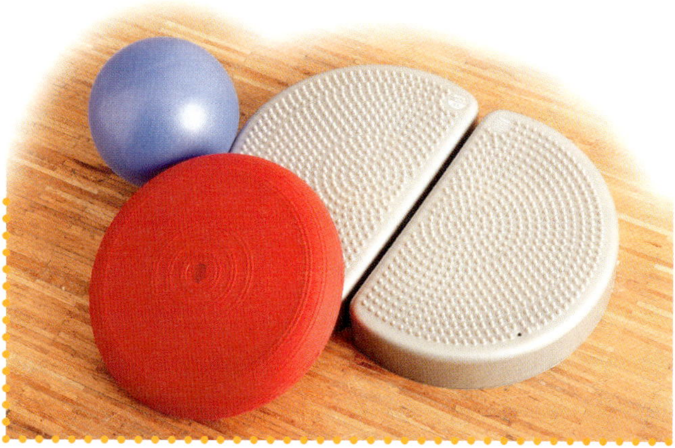

Welche Vorteile bringt ein labiles Luftkissen?

Im Alltag treten komplexe und mehrachsige Wirbelsäulenbewegungen auf, die ein hohes Maß an Muskelsynchronisation und Koordination erfordern. Gerade dies wird bei Übungen und Positionen gefördert, bei denen möglichen Ausweichbewegungen aktiv muskulär entgegengewirkt werden muss. Dieser bewusste und aktive Stabilisationsvorgang gegen äußere Einflüsse bzw. Störquellen (Ganzkörperübungen, kombinierte Balanceübungen) fördert die muskuläre Koordination. Indem komplexe Bewegungsabläufe trainiert werden, erhöht sich die Geschicklichkeit diese zu bewerkstelligen. Beim Üben auf einer labilen Unterlage ist eine noch höhere Muskelaktivität gefordert, um den Körper zu stabilisieren.
Sie können die Übungen mit den abgebildeten Geräten (Aerostep XL, Ballkissen, Rendondo-Ball) ausführen, wenn Sie alle Varianten beherrschen und sich einer neuen Herausforderung stellen möchten.

Vor dem Start

Bei Pilates wird der Körper als gesamtes System gesehen, bei welchem die einzelnen Körperbereiche optimal zusammenspielen sollten. Aus diesem Grund gibt es keine Einteilung in einzelne Muskelgruppen. Jede einzelne Übung beansprucht eine Vielzahl von Muskeln.
Sollten Sie einmal nicht genügend Zeit oder Lust für das gesamte Übungsprogramm haben, so können Sie die Übungen auf verschiedene Tage verteilen und nur einzelne auswählen.
Die ersten vier Übungen dienen zur Vorbereitung des Körpers wie auch des Geistes und sollten stets am Anfang einer Pilates-Übungseinheit stehen.
Zwischen den einzelnen Übungen empfehle ich das Einnehmen einer Entspan-

nungshaltung, die auf der Seite 34 gezeigt wird.

Bevor Sie mit dem Übungsprogramm beginnen, sollten Sie den Raum lüften, das Telefon ausschalten und die notwendigen Kleingeräte (Handtuch, Matte, Kissen oder Ball) bereitlegen. Am besten üben Sie barfuß oder mit Socken und wählen eine Kleidung, in der Sie sich wohlfühlen und die Sie nicht einengt.

Nehmen Sie anfällige körperliche Widerstände wahr und respektieren Sie sie. Das letzte Essen sollte ca. 2 Stunden zurückliegen.

Auf das Üben sollten Sie verzichten, wenn Sie Alkohol getrunken haben, sich unwohl fühlen, verletzt sind, akute orthopädische Beschwerden am Bewegungsapparat (Probleme mit den Bandscheiben oder der Lendenwirbelsäule) vorliegen oder wenn Sie gerade operiert wurden. Da dieses Buch nicht als Schwangerschaftsgymnastik konzipiert ist, empfiehlt sich gegebenenfalls eine Absprache mit Ihrer Ärztin oder Ihrem Arzt.

Tipp

Überprüfen Sie vor Übungsbeginn immer die Grundhaltung!

- **Ist das Becken in neutraler Position?**
- **Ist der Rücken lang, ohne dabei die natürliche Krümmung (Doppel-S-Form) zu verlieren?**
- **Sind die Schultern tief und verankert?**
- **Ist der Kopf in der neutralen Position?**
- **Ist der Nacken locker? (Wenn Sie einen Rundrücken haben, können Sie ein Kissen unter den Kopf legen, um Verspannungen zu verhindern!)**
- **Ist der Brustkorb geöffnet und locker?**

Übungs-sammlung

Auch die moderne Physiotherapie befürwortet Übungsprogramme mit dem Ansatz, den Joseph Pilates bereits Anfang des 20. Jahrhunderts formuliert hat. Bei der Auswahl der Übungen sollte es heute nicht mehr nur darum gehen, die Kraft oder Beweglichkeit in einzelnen Muskeln zu verbessern, wie es im klassischen Fitnesstraining noch oft gemacht wird, sondern das optimale Zusammenspiel aller Muskelgruppen anzustreben.

Vorbereitung

Nicken

Ausgangsposition:

▲ Legen Sie sich auf den Rücken, winkeln Sie Ihre Beine an und stellen Sie die Fußsohlen in einer angenehmen Distanz flach auf den Boden auf.

▲ Legen Sie die Arme gestreckt neben den Körper.

Bewegungsablauf:

▲ Atmen Sie tief in die Flanken und den Rücken ein (seitliche Brustkorbatmung), verlängern Sie dabei die Wirbelsäule und rollen Sie den Kopf nach hinten, heben Sie Ihr Kinn in Richtung Decke und richten Sie Ihren Blick diagonal nach hinten.

▲ Ausatmen und gleichzeitig das Kinn in Richtung Brustkorb ziehen, dabei den Nacken so lang wie möglich machen, ohne den Kopf vom Boden zu heben. Schultern, Rücken und Beckenbereich bleiben entspannt.

▲ Wiederholen Sie die Übung mit einer langsamen, ruhigen und tiefen Atmung fünfmal und finden Sie dann Ihre neutrale Position in einer entspannten Haltung.

Ziel:

Das Finden und Erspüren der idealen Haltung des Nackens, auch »neutrale Position« genannt. Dabei wird ein Gleichgewicht zwischen Stabilität der Halswirbelsäule einerseits und Verlängerung des Nackenbereichs andererseits angestrebt.

Unterstützung:

Mit einem Ball können Sie bei dieser Übung die Gleitbewegung des Kopfes unterstützen.

Nackenkreise

Ausgangsposition:

▲ Legen Sie sich auf den Rücken, winkeln Sie Ihre Beine an und stellen Sie die Fußsohlen in einer angenehmen Distanz flach auf den Boden auf.

▲ Legen Sie die Arme gestreckt neben den Körper.

Bewegungsablauf:

▲ Gehen Sie mit Ihrer Aufmerksamkeit zu Ihrer Nasenspitze und beginnen Sie kleine Kreise in der Luft auszuführen, die Sie langsam bis zum vollen, Ihnen angenehmen, Bewegungsradius vergrößern.

▲ Lassen Sie danach die Kreise kleiner werden, bis Sie wieder zur Ausgangsposition zurückkommen. Kopf, Nacken und Schultern bleiben entspannt und die Atmung fließt ruhig und gleichmäßig. Wiederholen Sie die Übung drei- bis fünfmal in Uhrzeiger- und Gegenuhrzeigersinn.

Ziel:

▲ Lösen von Verspannungen im Schulter- und Nackenbereich und Finden der »neutralen Position« des Kopfes.

Unterstützung:

▲ Mit einem Ball können Sie bei dieser Übung die Rollbewegung des Kopfes unterstützen.

Schultergehen

Ausgangsposition:

▲ Legen Sie sich auf den Rücken, winkeln Sie Ihre Beine an und stellen Sie die Fußsohlen flach auf den Boden auf.

▲ Heben Sie beide Arme gestreckt direkt oberhalb Ihrer Schultern in Richtung Decke, so dass die Handinnenflächen einander zugewandt sind.

Bewegungsablauf:

▲ Ziehen Sie den gestreckten linken Arm diagonal so weit in Richtung Decke, bis sich Ihr linkes Schulterblatt vom Boden hebt und der Kopf locker auf die Seite rollt.

▲ Wechseln Sie auf die andere Seite. Führen Sie die Bewegung aus, ohne aktiv die Schultern zu heben – lassen Sie die Bewegung, die das Heben der Arme auslöst, in den Schulter- und Nackenbereich weiterlaufen.

▲ Atmen Sie regelmäßig und tief, während Sie die gestreckten Arme abwechselnd in Richtung Decke ziehen und genießen Sie die angenehme Dehnung, die zwischen den Schulterblättern entsteht.

▲ Wiederholen Sie die Bewegung fünfmal auf jeder Seite.

Ziel:

▲ Lösen und Lockern sowie leichtes Dehnen des Schulter- und oberen Rückenbereiches.

Unterstützung:

▲ Mit einem zur Hälfte aufgeblasenen Ball, der zwischen den Schulterblättern liegt, können Sie die Dehnung und Öffnung des Brustkorbes unterstützen.

Beckenkippen

Ausgangsposition:

▲ Legen Sie sich auf den Rücken, winkeln Sie Ihre Beine an und stellen Sie die Fußsohlen in einer angenehmen Distanz flach auf den Boden auf.

▲ Legen Sie die Arme gestreckt neben den Körper oder über den Kopf.

Bewegungsablauf:

▲ Kippen Sie nun das Becken abwechselnd von vorn nach hinten.

▲ Bei der Ausatmung lassen Sie den Bauchnabel in Richtung Boden sinken und heben gleichzeitig das Steißbein in Richtung Decke an.

▲ Bei der Einatmung dann wiederum das Steißbein absenken und in eine verstärkte Lendenlordose (Hohlkreuz-Position) gehen.

▲ Wiederholen Sie die Bewegung je fünfmal und kehren Sie in Ihre neutrale Position zurück.

Ziel:

▲ Das Finden und Erspüren der idealen Haltung des Beckens und der Lendenwirbelsäule, auch »neutrale Position« genannt. In der neutralen Position befinden sich die beiden Beckenkammknochen und der Schambeinknochen auf einer Ebene und die Beinmuskeln, insbesondere die Hüftbeuger, sind entspannt. Der Brustkorb ist locker, die unteren Rippen sind geschlossen, das heißt, sie nähern sich einander und tendieren zum Becken hin.

Unterstützung:

▲ Mit einem Ball, den Sie unter das Kreuzbein legen, können Sie die Kippbewegung des Beckens unterstützen.

Hauptteil

Wie bereits erwähnt sind Ihre Konzentration und Präzision sowie Vorstellungskraft beim Üben äußerst wichtig. Bevor Sie mit der Ausführung einer Übung beginnen, nehmen Sie die Ausgangsposition ein und führen die Übung gedanklich aus, indem Sie ein Bild von der gewünschten Bewegungsausführung entstehen lassen. Meine Erfahrung hat gezeigt, dass ein Bild oftmals hilfreicher und effektiver ist als komplizierte, langwierige Formulierungen und medizinische Erklärungen.
Ebenso wichtig ist, dass Sie mit den Grundprinzipien vertraut sind. Sie sind wesentlich und entscheidend für die Wirksamkeit der Übungen. Sollten Sie nach einigen Wochen die meisten Übungen und deren leichteste Variante beherrschen, können Sie sich einer neuen Herausforderung stellen. Gehen Sie zu den schwierigeren Varianten über, die Ihre Koordination, Stabilisationskraft und Ihr Körperbewusstsein auf eine neue Art auf die Probe stellen.
Wenn Sie Lust haben, sich intensiver mit der Pilates-Methode zu befassen und die Übungen differenzierter gestalten wollen, so empfehle ich Ihnen, sich an eine Lehrerin zu wenden, die Ihnen mit ihrer Erfahrung ein individuelles Übungsprogramm zusammenstellen kann.
Zu diesem Zeitpunkt werden Sie dann auch die Geräteübungen von Pilates kennen lernen.

Hundert

Ausgangsposition:

▲ Legen Sie sich auf den Rücken, winkeln Sie Ihre Beine an und stellen Sie die Fußsohlen in einer angenehmen Distanz flach auf den Boden auf.

▲ Die Arme liegen seitlich gestreckt neben dem Körper, die Handflächen zeigen nach unten.

Bewegungsablauf:

▲ Einatmen, ausatmen, das Kinn in Richtung Brust ziehen, den Nacken dabei lang machen, das Brustbein zum Boden fließen lassen, die unteren Rippen schließen, die Schulterblätter an die Wirbelsäule schmiegen und in Richtung hinteren oberen Beckenkamm ziehen. Aktivieren Sie Ihre Körpermitte, das so genannte Powerhouse (denken Sie dabei an die enge Jeans!).

▲ Atmen Sie ein und heben Sie bei der nächsten Ausatmung den Kopf und die Schultern an. Dabei machen Sie den Nacken lang (Blick in Richtung Knie) und lassen die Unterkanten der Schulterblätter am Boden. Gleichzeitig heben Sie die gestreckten Arme 10 bis 15 cm vom Boden. Während der Einatmung das Powerhouse halten.

▲ Ausatmen, dabei die Beine anheben, nach oben in Richtung Decke ausstrecken und die gestreckten Beine absenken – jedoch nur so weit, dass Sie über genügend Kontrolle im Zentrum verfügen! Die Füße bleiben entspannt, die Knie sind geschlossen.

▲ Beginnen Sie nun die gestreckten Arme vom Schultergelenk her schnell und rhythmisch nach oben und unten zu bewegen. Bei diesen Pumpbewegungen ziehen die Arme immer leicht nach vorn zum unteren Mattenrand. Atmen Sie bei 5 Pumpbewegungen stoßweise durch die Nase ein und bei den nächsten 5 wieder stoßweise durch den Mund aus. Die Atmung erfolgt im Stakkato-Rhythmus (auch Schlagatmung oder percussive breathing genannt).

▲ Legen Sie Ihre Aufmerksamkeit auf den Bauch und unteren Rücken und aktivieren Sie bei der Ausatmung das Powerhouse. Insgesamt werden 100 Pumpbewegungen angestrebt, die mit der Atmung koordiniert werden. Beginnen Sie am Anfang mit 30 und steigern Sie die Anzahl langsam.

Info

Bei der Übung handelt es sich um eine klassische Pilates-Übung. Sie sollte, wie es der Name sagt, in der Zeit von 100 Atemzügen ausgeführt werden. Auch hier gilt: Steigern Sie langsam auf 100 und üben Sie lieber weniger, aber dafür präzise und bewusst.

▲ Wenn Sie sich im Nacken und Hals zu sehr verspannen, können Sie ein Kissen oder einen aufblasbaren Ball unter den Kopf bzw. die Schulterblätter legen.

Ändern des Schwierigkeitsgrades:

▲ Der Schwierigkeitsgrad ist hauptsächlich von der Beinposition abhängig. Einfacher wird die Übung, wenn Sie die Beine anstatt zu strecken in einem Winkel von 90 Grad gebeugt zum Oberkörper und mit den Knien über der Hüfte halten.

▲ Je tiefer Sie die gestreckten Beine zum Boden senken, umso schwieriger wird die Übung.

▲ Wenn Sie beide Varianten beherrschen, können Sie die Übung noch schwieriger gestalten: Die Füße sind angewinkelt (geflext), spannen Sie die Innenschenkel und die Pomuskulatur an und drehen Sie die gestreckten Beine aus.

▲ Versuchen Sie auch diese Variante: Drehen Sie bei der Einatmung die Arme aus, so dass die Handflächen nach oben gerichtet sind. Bei der Ausatmung zeigen sie nach unten.

Aufrollen

Ausgangsposition:

▲ Legen Sie sich auf den Rücken, die Beine sind gestreckt, Becken, Rücken, Nacken und Kopf befinden sich in einer neutralen Position.

▲ Sie halten den Ball in beiden Händen und strecken die Arme über Ihren Schultern zur Decke.

▲ Einatmen, beim Ausatmen das Kinn in Richtung Brust ziehen, den Nacken dabei lang machen, das Brustbein zum Boden fließen lassen, die Schultern tief nach hinten und unten ziehen.

▲ Aktivieren Sie das Powerhouse und führen Sie den Ball mit gestreckten Armen hinter den Kopf.

Bewegungsablauf:

▲ Wenden Sie die seitliche Brustkorbatmung an: Atmen Sie in dieser Position ein und halten Sie das Powerhouse. Ausatmen, Powerhouse, Po und Oberschenkel anspannen, den Ball mit gestreckten Armen wieder zurückführen, bis er die Brust passiert.

▲ Jetzt auch den Kopf anheben und den Oberkörper Wirbel für Wirbel aufrollen. Der Kopf bleibt immer zwischen den gestreckten Armen. Stellen Sie sich beim Aufrollen vor, dass Ihre Beine an die Matte gefesselt sind. Um das Aufrollen zu erleichtern, stellen Sie sich folgenden Ablauf vor: Kopf in Richtung Brust, Brust über die Rippen, Rippen über den Bauch, Bauch über die Hüften, Hüften über die Beine.

▲ Strecken Sie den Ball in Richtung der Füße, lassen Sie den Kopf zwischen den Armen, während das Powerhouse aktiviert und der Rücken rund ist.

Atmen Sie in dieser Position ein.

▲ Ausatmen, dabei den Po aktivieren, den Bauchnabel in Richtung Wirbelsäule ziehen und den Rücken vom Becken her Wirbel für Wirbel abrollen, bis Sie sich wieder in der Ausgangsposition befinden.

▲ Die Bewegung sollte gleichmäßig und fließend sein, Nacken und Schulter sind entspannt.

▲ Wiederholen Sie diese Übung fünfmal.

Ändern des Schwierigkeitsgrades:

▲ Wenn Sie die Bein- und Armposition verändern, wird die Übung leichter.

▲ Legen Sie sich in der Rückenlage auf ein Handtuch, so dass es oberhalb des Kopfes ca. 20 cm herausragt. Winkeln Sie beide Beine an und stellen Sie die Füße flach auf den Boden. Halten Sie nun jeweils ein Ende des Handtuches über dem Kopf mit einer Hand, so dass Sie Kopf, Nacken und Schultern entspannen können. Die Ausführung dieser Übung unterscheidet sich lediglich hinsichtlich des Bewegungsumfangs: Heben Sie den Oberkörper so weit an, bis Sie nur noch die unteren Kanten der Schulterblätter am Boden spüren. Achten Sie darauf, dass das Becken in der neutralen Position bleibt (Schambein- und Beckenkammknochen auf der gleichen Höhe).

▲ Sie können auch auf das Handtuch verzichten und beide Hände hinter dem Kopf verschränken.

▲ Achten Sie bei dieser Übung darauf, dass das Becken stabil bleibt. Führen Sie die Bewegungen langsam und präzise aus, damit Sie die Kontrolle über das Zentrum halten können.

▲ Atmen Sie während dieser Übung regelmäßig und tief

Beinkreise

Ausgangsposition:

▲ In der Rückenlage befinden sich die gestreckten Arme seitlich neben dem Körper. Die Handflächen sind zum Boden gerichtet, während die Fingerspitzen in Richtung Füße ziehen.

▲ Lassen Sie das Kinn zum Brustbein sinken und saugen Sie den Bauchnabel nach innen und oben.

▲ Strecken Sie ein Bein und legen Sie das Fußgelenk auf den halb aufgeblasenen Ball. Das andere Bein strecken Sie senkrecht nach oben.

Bewegungsablauf:

▲ In dieser Position stabilisieren Sie die Körpermitte (Powerhouse) und malen mit dem Bein vom Hüftgelenk her Kreise in die Luft.

ein und aus. Führen Sie zuerst fünf Kreise nach innen beginnend aus, dann fünf Kreise nach außen.

▲ Wechseln Sie nach einem kurzen Lockern der Muskulatur die Beine.

Ändern des Schwierigkeitsgrades:

▲ Sie können den Bewegungsablauf vereinfachen, indem Sie ohne Ball üben oder das Bein nicht strecken, sondern angewinkelt aufstellen.

▲ Wenn Sie über genügend Kontrolle und Beckenstabilität verfügen, können Sie größere Kreise ausführen.

Hüftdrehung

Ausgangsposition:

▲ Legen Sie sich auf den Rücken, winkeln Sie Ihre Beine an und heben Sie sie so, dass die Unterschenkel parallel zum Boden sind und Ober- und Unterschenkel einen rechten Winkel bilden.

▲ Klemmen Sie einen Ball zwischen die Knie und legen Sie Ihre Arme diagonal gestreckt neben den Körper mit den Handflächen nach unten.

Bewegungsablauf:

▲ Einatmen, beim Ausatmen das Kinn in Richtung Brust ziehen, den Nacken dabei lang machen, das Brustbein zum Boden fließen lassen, die unteren Rippen schließen, die Schulterblätter an die Wirbelsäule schmiegen und in Richtung Po ziehen.

▲ Einatmen, dabei die Wirbelsäule verlängern und das Powerhouse halten.

▲ Bei der Ausatmung senken Sie nun die Beine nach rechts – jedoch nur so weit, dass die Schultern noch am Boden bleiben.

▲ Einatmen und die Position halten.

▲ Ausatmen und dabei den Bauchnabel noch mehr in Richtung Wirbelsäule und nach oben ziehen. Durch die Kraft Ihrer Körpermitte führen Sie die Beine zurück in die Ausgangsposition.

▲ Wiederholen Sie die Übung fünfmal auf jeder Seite. Atmen Sie zwischen die Rippen in Ihre Flanken (seitliche Brustkorbatmung) und aktivieren Sie Ihr Powerhouse, indem Sie den Ball leicht zusammendrücken.

▲ Achten Sie darauf, dass der Nacken und die Wirbelsäule lang sind, die Schultern während der ganzen Ausführung entspannt sind und Kontakt mit dem Boden haben.

Überkreuzen

Ausgangsposition:

▲ Sie befinden sich in der Rückenlage, winkeln Ihre Beine an und heben sie so, dass die Unterschenkel parallel zum Boden sind und Ober- und Unterschenkel einen rechten Winkel bilden.

▲ Verschränken Sie Ihre Hände hinter dem Kopf.

Bewegungsablauf:

▲ Einatmen und die Wirbelsäule verlängern.

▲ Beim Ausatmen den Kopf und die Schultern anheben. Dabei das Kinn in Richtung Brust ziehen, den Nacken lang machen und die Körpermitte aktivieren.

▲ Einatmen und das Powerhouse halten.

▲ Bei der Ausatmung strecken Sie das rechte Bein und drehen den Oberkörper so, dass der rechte Ellbogen zum linken Knie zeigt oder es berührt. Achten Sie darauf, dass Sie die Bewegung nicht nur aus dem Schultergelenk ausführen, sondern dass die Drehung bereits unterhalb des Schulterblattes stattfindet. Die Position halten und dabei kurz einatmen.

▲ Bei der nächsten Ausatmung wechseln Sie die Beine: Sie winkeln das rechte an und strecken das linke aus. Der linke Ellbogen berührt das rechte Knie.

▲ Führen Sie die Übung fünf- bis zehnmal mal aus, entspannen Sie sich danach.

Katze

Ausgangsposition:

▲ Im Vierfüßlerstand befinden sich die Hände direkt unter Ihren Schultergelenken, die Knie unter Ihren Hüftgelenken.

▲ Legen Sie den halb aufgeblasenen Ball oder Aerostep XL unter das linke Knie. Der Kopf ist in der Verlängerung der Wirbelsäule, der Nacken lang. Der Abstand zwischen Ohren und Schultern ist größtmöglich, die Schulterblätter schmiegen sich an die Wirbelsäule an und ziehen in Richtung hinteren oberen Beckenkamm. Die unteren Rippen schließen und das Powerhouse aktivieren.

Bewegungsablauf:

▲ Bei der Ausatmung heben Sie nun langsam das rechte Bein und strecken es parallel zum Boden nach hinten aus.

▲ Stabilisieren Sie in dieser Position ihr Körperzentrum und atmen Sie ein.

▲ Bei Ihrer nächsten Ausatmung heben Sie den linken Arm und strecken ihn waagrecht nach vorn aus.

▲ Führen Sie die Bewegung langsam aus und halten Sie die Balance. Atmen Sie regelmäßig weiter.

▲ Wechseln Sie dann die Seite.

Ändern des Schwierigkeitsgrades:

▲ So wird es schwieriger: Führen Sie beim Ausatmen den linken Ellbogen und das rechte Knie zusammen. Halten und einatmen. Ausatmen und dabei Arm und Bein wieder strecken. Auch bei dieser Variation gilt es die Balance zu finden und die Bewegung zu kontrollieren. Führen Sie die Übung drei- bis fünfmal aus und wechseln Sie dann die Seite.

▲ Einfacher wird die Übung, wenn Sie sie ohne Ball ausführen.

Schulterbrücke

Ausgangsposition:

▲ In der Rückenlage stellen Sie Ihre Beine gebeugt und die Füße hüftgelenksbreit (10 bis 15 cm Abstand) auf.

▲ Der Nacken ist lang, die Schultern fließen in Richtung Gesäß. Die Arme liegen gestreckt neben dem Körper, die Handflächen zeigen nach unten.

▲ Beim Ausatmen heben Sie Ihr Becken an, bis eine schiefe Ebene entsteht. Stabilisieren Sie sich in dieser Position (aktives Powerhouse).

Bewegungsablauf:

▲ Einatmen und ein Bein nach oben bis zum höchsten Punkt strecken, ohne dabei das Becken zu bewegen. Mit der Ausatmung den Fuß anwinkeln (flex) und das Bein senken. Die Fußposition wechseln (point) und das Bein bei der Einatmung wieder zurückführen.

▲ Drei bis fünf Wiederholungen mit einem Bein ausführen und dann wechseln.

▲ Achten Sie darauf, dass das Becken ruhig und oben bleibt. Senken Sie das Bein nur so weit, wie Sie die Kontrolle in Bauch und Po halten können.

Ändern des Schwierigkeitsgrades:

▲ Mit einer labilen Unterlage wird die Übung anspruchsvoller!

Lockerung und Entspannung

Rollen wie ein Ball

Ausgangsposition:

▲ Sie sitzen, beugen die Knie und umfassen Ihre Knöchel von außen mit den Händen.

▲ Die Füße sind geschlossen.

Bewegungsablauf:

▲ Öffnen Sie die Knie leicht, heben Sie die Füße von der Matte, lassen Sie Ihr Kinn auf die Brust sinken und balancieren Sie in dieser Position.

▲ Stellen Sie sich vor, Sie bilden mit Ihrer Wirbelsäule vom Kopf bis hin zum Steißbein den Buchstaben »C«.

▲ Beginnen Sie die Rollbewegung nach hinten, indem Sie beim Ausatmen den Bauchnabel zur Wirbelsäule ziehen sowie langsam und kontrolliert auf die Schultern zurückrollen.

▲ Lassen Sie den Atem fließen und rollen Sie über die Wirbelsäule wie ein Ball zurück in die Ausgangsposition. Je runder Sie sich machen, umso weicher und fließender rollen Sie.

▲ Balancieren Sie beim Hochrollen auf Ihrem Steißbein, ohne dass die Füße den Boden berühren.

▲ Wiederholen Sie diese Bewegung fünf- bis sechsmal.

Entspannung 1

▲ Gehen Sie auf einer Matte in den Fersensitz, indem Sie die Knie etwa schulterbreit öffnen und die großen Zehen sich berühren.

▲ Senken Sie den Oberkörper zwischen die Knie ab.

▲ Lassen Sie das Steißbein zu den Fersen fließen, legen Sie die Arme dabei entspannt nach vorn oder unter die Stirn. Entspannen Sie den Kopf, den Nacken und die Schultern.

▲ Atmen Sie in dieser Position tief und gleichmäßig ein und aus.

Entspannung 2

▲ Beginnen und beenden Sie eine Trainingseinheit jeweils in dieser Haltung.

▲ Legen Sie sich entspannt auf den Rücken, stellen Sie die Füße hüftbreit auf und winkeln Sie die Beine etwa 30 cm vom Po entfernt an.

▲ Das Becken ist gerade, das heißt, Schambein- und Beckenkammknochen befinden sich auf einer Ebene und die Lendenwirbelsäule ist in der neutralen Position. Legen Sie gegebenenfalls ein Kissen unter Ihren Kopf, um die neutrale Nackenposition zu unterstützen.

▲ Verschränken Sie nun Ihre Arme über der Brust und lassen Sie sie entspannt nach unten sinken. Bleiben Sie einige Minuten in dieser Position und lassen Sie Ihre Atmung fließen.

▲ Am Ende einer Trainingseinheit können Sie an dieser Stelle eine Reise durch Ihren Körper machen und ein Gelenk, eine Muskelgruppe nach der anderen entspannen.